VALENTINA CAMERINI

GRETAS
GESCHICHTE

DU BIST NIE ZU KLEIN, UM ETWAS ZU BEWIRKEN

PLAZA

ist ein Imprint der

HEEL Verlag GmbH
Gut Pottscheidt
53639 Königswinter
Tel.: 02223 9230-0
Fax: 02223 9230-13
E-Mail: info@heel-verlag.de
www.heel-verlag.de

Deutsche Ausgabe:
© 2019 HEEL Verlag GmbH
2. Auflage 2019

World Copyright sowie Copyright der italienischen
Originalausgabe © 2019 DeA Planeta Libri s.r.l.

Originaltitel: *La storia di Greta:*
Non sei troppo piccolo per fare cose grandi
Original-ISBN: 978-88-511-7323-4

Texte: Valentina Camerini
Illustrationen: Veronica „Veci" Caratello

Deutsche Ausgabe:
Übersetzung aus dem Italienischen: Thomas Albrecht, Köln
Satz: Christine Mertens, HEEL Verlag GmbH
Lektorat: Iris Bahr

Alle Rechte, auch die des Nachdrucks, der Wiedergabe in jeder Form und
der Übersetzung in andere Sprachen, behält sich der Herausgeber vor. Es ist
ohne schriftliche Genehmigung des Verlags nicht erlaubt, das Buch und Teile
daraus auf fotomechanischem Weg zu vervielfältigen oder unter Verwendung
elektronischer bzw. mechanischer Systeme zu speichern, systematisch auszuwerten
oder zu verbreiten. Ebenso untersagt ist die Erfassung und Nutzung auf Netzwerken,
inklusive Internet, oder die Verbreitung des Werkes auf Portalen wie Google Books.

– Alle Rechte vorbehalten –

Printed in Czech Republic

Hergestellt für die HEEL Verlag GmbH von FINIDR
s.r.o. unter Verwendung FSC®-zertifizierten Materials

ISBN 978-3-95843-984-9

Inhalt

Einführung 7

Kapitel 1 9

Kapitel 2 23

Kapitel 3 47

Kapitel 4 53

Kapitel 5 65

Kapitel 6 73

Kapitel 7 83

Kapitel 8 95

Kapitel 9 105

Erderwärmung –
mal ganz einfach erklärt 109

Was können wir tun? 113

Glossar 119

Zeittafel 131

Weiterführende Literatur
und Quellen 137

GRETA THUNBERG

hat mit fünfzehn Jahren ein großes Ziel: Dinge zu verändern, um das Klima zu retten. In wenigen Monaten gelingt es ihr, mit ihrer Initiative Millionen von Menschen mitzureißen und allen – von den ganz normalen Leuten bis zu den Mächtigen der Welt – bewusst zu machen, wie es um die Gesundheit unseres Planeten steht.

Mit ihrem Mut und ihrer Entschlossenheit hat Greta gezeigt, dass jeder von uns etwas tun kann, um selbst die kompliziertesten Probleme anzugehen. Oder, wie sie es selbst gesagt hat: „Man ist nie zu klein, um etwas zu bewirken."

1

Es war an einem Augustmorgen in Stockholm, als Greta Thunberg entschied, dass man die Lage der Erde nicht mehr länger ignorieren konnte: Die Veränderungen des Klimas wurden immer beunruhigender, und doch schien niemand das Problem ernst zu nehmen.

In den Parlamenten auf der ganzen Welt saßen Hunderte von Politikern mit ernsten Mienen und diskutierten über unendlich viele Dinge, aber um das Wohl des Planeten kümmerten sie sich nicht.

Allerhöchste Zeit, dass sie jemand daran erinnerte, wie dringend es war, etwas zu unternehmen, um das Klima – und mit ihm die Zukunft der Jugendlichen – zu schützen, bevor es zu spät war. Alles andere konnte warten.

Also flocht Greta ihre langen Haare zu zwei Zöpfen, zog eine blaue Jacke über ihre karierte Bluse und verließ das Haus, in dem sie mit ihren Eltern lebte, ein Holzschild unter dem Arm. Auf dem Schild stand in handgemalten Buchstaben *skolstrejk för klimatet*, „Schulstreik für das Klima". Auch Flugblätter zum Verteilen hatte sie vorbereitet mit einigen sehr wichtigen Fakten zum Klimawandel, die ihrer Ansicht nach jeder kennen sollte.

Eigentlich hätte Greta an diesem Tag wie alle schwedischen Jungen und Mädchen in ihrem Alter zur Schule gehen sollen. In Schweden sind im August die Ferien vorbei und der Unterricht fängt wieder an. Greta jedoch stieg auf ihr Rad und fuhr zum Parlament im Stadtzentrum.

Das schwedische Parlament befindet sich in einem prächtigen, imposanten Gebäude auf einer kleinen Insel namens Helgeandsholmen, mitten in der Stadt. Dass es auf einer Insel steht, ist nichts Besonderes: Die Stadt Stockholm ist auf Tausenden von Inseln gebaut, von denen einige sehr klein sind und andere so groß, dass man denkt, man sei auf dem Festland.

Der Riksdag, wie die Schweden ihr Parlament nennen, ist der Ort, wo die vom Volk gewählten Abgeordneten sitzen, die Probleme des Landes besprechen und Gesetze erlassen, um diese Probleme zu lösen oder zumindest anzugehen. Sie sind die Leute, die echte Veränderungen herbeiführen können. Und falls sie noch nicht bemerkt haben sollten, wie wichtig es war, die Erderwärmung zu stoppen, dann würde Greta sie eben darauf hinweisen.

Natürlich kann jeder für sich im täglichen Leben dazu beitragen, Umweltverschmutzung und Verschwendung zu verhindern und seine eigene schädliche Wirkung auf die Gesundheit des Planeten zu verringern, so gut es geht.

Aber das reicht leider nicht. Der gute Wille der Einzelnen ist nicht genug. Bei einer so komplizierten Angelegenheit müssen Regeln geändert und neue Umweltschutz-Gesetze entworfen werden. Das können nur die Männer und Frauen im Parlament. Und genau aus diesem Grund fuhr Greta an jenem Morgen dorthin.

An diesem Tag – es war der 20. August 2018 – begann Greta mit ihrem Schulstreik.

Sie erklärte ihre Entscheidung mit den Worten: „Jugendliche machen nicht das, was man ihnen sagt; sie folgen Vorbildern." Weil den Erwachsenen die Zukunft offenbar egal war, war sie bereit, etwas zu tun. Sie würde nicht mehr zur Schule gehen. Sie würde streiken, so wie es oft die Erwachsenen tun, um zu protestieren, wenn es um ihre Interessen geht: Statt zur Arbeit zu gehen, gehen sie dann auf die Straße und halten Schilder und Spruchbänder hoch. Nur protestierte Greta eben allein, und für das Wohl aller Menschen.

Die Passanten sahen neugierig zu dem Mädchen mit dem Schild hinüber, fragten sich vielleicht, was es da wohl machte. Greta blieb genauso lang dort sitzen, wie sie normalerweise im Klassenraum gesessen hätte, von acht Uhr dreißig morgens bis um drei am Nachmittag. Am ersten Tag saß sie die ganze Zeit allein da und kein Abgeordneter beachtete sie. Aber Greta ließ sich nicht entmutigen. Am nächsten Morgen stand sie wieder früh auf, zog sich an, stieg aufs Rad und kehrte mit ihrem Schild zurück vor das Parlament.

Der Streik ging weiter.

An diesem zweiten Tag aber geschah etwas Unglaubliches: Statt ihr nur neugierige Blicke zuzuwerfen und weiterzugehen, blieben einige Passanten stehen. Greta war nicht mehr allein, sie hatte jetzt andere Jungen und Mädchen an ihrer Seite.

Am dritten Tag saß schon eine ganze Gruppe Leute mit ihr da.

Die meisten darunter waren Jugendliche, aber es war auch eine Mutter mit einem kleinen Kind im

Buggy dabei, eine Frau mit weißen Haaren und ein Schüler, der sich ein Buch zum Lesen mitgebracht hatte. Die Demonstranten schwatzten, es war noch sonnig in diesem schwedischen Spätsommer.

Am sechsten Tag des Streiks schlug Greta den anderen vor, auch in sozialen Netzwerken über diesen Protest zu reden und Fotos und Informationen zu posten. So konnten auch Leute, die sich den Demonstranten nicht selbst anschlossen, ihre Unterstützung zeigen, indem sie solche Posts weiterleiteten, ihnen ein Like gaben oder sie teilten. Was da vor dem Parlament passierte, begann die Runde zu machen. Auch Greta tat, was sie konnte: Sie machte täglich Fotos vom *skolstrejk*, dem Schulstreik, sie führte ein Tagebuch auf Instagram. Freunde, Schulkameraden und Bekannte stellten die ersten organisatorischen Fragen: um wie viel Uhr treffen wir dich dort an, können wir auch dazukommen? Natürlich waren sie Greta alle willkommen.

Immer mehr Menschen setzten sich neben sie vor das Parlament und streikten. Dafür gingen sie eben später ins Büro, opferten ihre Kaffeepause oder ließen das Einkaufen sein. Jeden Tag wurde die Gruppe um Greta größer.

Die Leute entschieden sich, ihrem Beispiel zu folgen, hörten sich an, was sie zu sagen hatte und fanden, dass Greta absolut recht hatte. Man musste handeln, um den Planeten zu retten, und zwar so schnell wie möglich und ohne Zögern.

Die Abgeordneten kamen an Greta vorbei, wenn sie zu ihren Büros im Riksdag gingen. Auch wenn die meisten von ihnen sie weiter ignorierten, blieben doch einige stehen, um ihr zu gratulieren und ihr zu sagen, dass sie gute Arbeit machte.

In der Stadt fing man an, sich die Geschichte von Greta zu erzählen, der Fünfzehnjährigen mit den Zöpfen. Die ersten Journalisten kamen an, Schaulustige und auch Leute, die ihre Unterstützung zeigen wollten. Es kamen auch immer mehr Mütter mit kleinen Kindern, Großeltern und sehr viele Jugendliche. Manche brachten Greta etwas zu essen und zu trinken mit.

Nach neun Tagen ging der Protest zwar weiter, aber die Demonstranten wurden aufgefordert, auf den Mynttorget umzuziehen, einen schönen Platz in der Altstadt auf der Insel Gamla Stan. Das war nicht zu weit entfernt vom Parlament, und deshalb war es in Ordnung so. Schließlich wollte Greta demonstrieren, nicht das Gesetz brechen.

Immer mehr Menschen auf der ganzen Welt begannen sich für das, was da in Stockholm gerade geschah, zu interessieren. Eine große englische Zeitung beschloss, die Geschichte von Greta zu erzählen: Der renommierte *The Guardian* widmete dem *skolstrejk för klimatet* einen ganzen Online-Artikel mit dem Titel „*The Swedish 15-year-old who's cutting class to fight the climate crisis*" – die Fünfzehnjährige aus Schweden, die die Schule schwänzt, um die Klimakrise zu bekämpfen.

Viele Leute erfuhren aus den Zeitungen von dem Streik für das Klima und fanden die Idee gut. In kleinen und großen Städten in ganz Schweden hörte man Gretas Appell und organisierte selbst auch solche Demonstrationen.

In Linköping, einem Städtchen im Süden des Landes, versammelte sich eine Gruppe von Leuten in der Innenstadt am Rand eines Brunnens mit einem Schild genau wie dem von Greta. Aus Rom kam ein Foto mit einem Fahrrad, an dessen Pedal ein Schild gelehnt war, auf dem stand: *Grazie, Greta! Anche noi siamo con te* – danke, Greta! Auch wir stehen hinter dir!

Seit jenem Morgen im August, an dem sie zum ersten Mal von zu Hause zum Parlament gegangen war, hatte Greta ein klares Ziel im Sinn: Bis zum 7. September wollte sie streiken, denn an diesem Tag wurde gewählt, und die Bürger Schwedens würden ihre Volksvertreter bestimmen – die Männer und Frauen, die die nächste Amtszeit hindurch im Parlament Entscheidungen fällen sollten.

Da ihre Initiative offenbar viel Unterstützung fand, schien es eine gute Idee, so viele Personen wie möglich über den Streik für das Klima zu informieren. Es wurden Flugblätter verteilt, um alle dazu einzuladen, an diesem letzten Demonstrationstag mitzumachen. Auf den Flugblättern stand:

> **STREIK FÜR DAS KLIMA!**
> **WO? AUF MYNTTORGET!**
> **WANN?**
> **FREITAG, 7. SEPTEMBER!**
> **VON 8:00 BIS 15:00 UHR.**
> **BRING DIR ETWAS ZUM ESSEN UND TRINKEN MIT UND EINE MATTE ZUM SITZEN.**

Am 6. September schien der Sommer dann vorbei zu sein, der Himmel war grau und sah nach Regen aus. Greta zog ihre gelbe Regenjacke an und schrieb auf Instagram, ihr Aufruf sei ein Hilferuf. Was sie verlangte, war nur vernünftig: eine Zukunft auf dem Planeten Erde zu haben. Alle waren aufgerufen, mitzumachen.

Und am nächsten Tag, dem 7. September, folgten Dutzende von Leuten ihrem Aufruf. Die Aufmerksamkeit der Journalisten, der Politiker und der Menschen in Schweden und anderswo richtete sich endlich auf diese Frage.

Greta erinnerte die Menge daran, dass man dringend die Treibhausgasemissionen begrenzen musste, damit die Erderwärmung das Leben auf unserem Planeten nicht unmöglich machte. Warum hatten die Kandidaten der Parlamentswahl diese Frage nicht an erste Stelle gesetzt? Warum war die Umwelt im Parlament kein Thema?

Über Instagram verbreitete Greta eine Grafik, die anzeigte, wie stark diese gefährlichen Gase reduziert werden mussten, um zu vermeiden, dass die Überhitzung der Atmosphäre eines Tages nicht mehr rückgängig gemacht werden konnte.

Was planten die Politiker in dieser Sache zu unternehmen? Dank des *skolstrejk för klimatet* waren Gretas Fragen an die Ohren der schwedischen Abgeordneten gedrungen. Jetzt musste man nur auf ihre Antworten warten.

Aber der Streik in Stockholm war erst der Anfang gewesen.

2

Nicht immer war Greta eine mutige Heldin gewesen, die auf der ganzen Welt für ihre Entschlossenheit berühmt war. Bevor sie ihr Abenteuer vor dem Riksdag begann, war sie ein scheues, stilles Mädchen – die Sorte Schülerin, die schweigend und etwas abseits in einer der hinteren Bänke dem Unterricht folgt. In ihrem Leben hatte es keine besonderen Vorkommnisse gegeben, nichts, was darauf hindeutete, dass sie eines Tages Hunderttausende von Jugendlichen davon überzeugen würde, ihrem Beispiel zu folgen.

Der Schutz der Umwelt aber hatte sie schon immer interessiert. Sie war noch ein Kind gewesen, als sie zum ersten Mal davon hörte. Mit acht Jahren erfuhr sie, dass das Klima des Planeten sich unaufhaltsam veränderte.

In der Schule wiesen die Lehrer oft darauf hin, wie wichtig es war, das Licht auszumachen, wenn man aus einem Raum ging, um Strom zu sparen, und kein Wasser und kein Essen zu verschwenden. All diese Ermahnungen machten Greta neugierig, und sie stellte eine einfache Frage:

„Warum?"

Man erklärte ihr, dass Menschen mit ihrem Verhalten Klimawandel verursachen konnten.

Das klang gleich sehr ernst in ihren Ohren: Wenn es tatsächlich so war, dann mussten wir alle doch sehr besorgt sein. Man brauchte bestimmt keinen Doktortitel, um zu verstehen, dass das eine extrem wichtige Sache sein musste; schon sie als kleines Kind fand den Gedanken schrecklich.

Aber, es war kaum zu glauben, kein Erwachsener schien sich allzu sehr Gedanken darüber zu machen. Und das war wirklich bedenklich!

Wie war es möglich, dass keiner von den „Großen", die sie kannte, etwas unternahm, um ein Problem zu lösen, das doch alle buchstäblich vor der Nase hatten?

Warum wurde im Fernsehen, in den Zeitungen, im Internet über alle möglichen unwichtigen Fragen geredet, aber nicht über diese wichtige?

Wie konnte man in aller Ruhe weiterleben, während die Welt von einer Umweltkatastrophe verwüstet zu werden drohte?

Greta konnte keine Antwort auf diese Fragen finden. Sie wurde sehr, sehr traurig. Die Erwachsenen mochten unbesorgt erscheinen – sie war alles andere als das.

Greta unterschied sich von den meisten ihrer Altersgenossen, und zwar nicht nur durch ihr großes Interesse für die Umweltprobleme.

Als sie elf Jahre alt war, hatten die Ärzte festgestellt, dass sie das Asperger-Syndrom hatte.

Wer daran leidet, interessiert sich oft sehr für ein spezielles Thema. Er denkt immer und immer wieder darüber nach und kann sich nicht davon lösen. Und genau so erging es Greta.

Jeden Tag erreichen uns unzählige Geschichten, Informationen und Nachrichten, die uns beeindrucken, anrühren, aufregen. Aber nach einer Weile vergessen wir sie auch wieder, weil wir ganz mit dem beschäftigt sind, was wir gerade zu erledigen haben. Wir können auch sehr beängstigt sein über die Umweltverschmutzung, aber dann schieben wir diese Gedanken in eine Ecke unseres Verstandes, steigen ins Auto oder aufs Mofa und fahren zu unserem besten Freund, ohne an die Abgase zu denken und daran, wie sie die Luft verpesten. Für Greta ist das nicht so einfach. Ihr Gehirn funktioniert ein wenig anders als unseres. Für sie ist die Welt schwarz oder weiß und das, was man tut, ist entweder richtig oder falsch. In ihren Augen kann man Umweltverschmutzung nicht schrecklich finden und gleichzeitig selbst im Alltag die Umwelt weiter verschmutzen.

Als Greta noch klein war, zeigte der Lehrer im Unterricht einmal einen Dokumentarfilm über die Verschmutzung der Meere durch Plastikmüll.

Auf dem Bildschirm waren ausgehungerte Eisbären und andere Tiere in großer Not zu sehen gewesen. Wie alle anderen Kinder in der Klasse war Greta sehr davon betroffen und besorgt. Sie hatte die ganze Zeit weinen müssen. Ihre Klassenkameraden hatten, als das Licht nach dem Film wieder anging, schnell wieder angefangen, an anderes zu denken: es war große Pause, sie mussten sich für den Nachmittag verabreden und an die Hausaufgaben für den nächsten Tag denken. Greta aber konnte das nicht. Die Bilder vom Plastikmüll, der den Planeten verschmutzte, hatten sich in ihr Gedächtnis eingebrannt und schienen nicht wieder weggehen zu wollen.

Weil das Thema sie so interessierte, hatte Greta an einem Wettbewerb teilgenommen, den die schwedische Tageszeitung *Svenska Dagbladet* veranstaltet hatte. Sie hatte recherchiert und einen Artikel geschrieben.

Ihr Text wurde als der beste ausgezeichnet und sie gewann den Wettbewerb. Der Artikel wurde veröffentlicht und verschiedene Aktivisten – also Menschen, die sich für den Umweltschutz engagieren – nahmen mit der jungen Autorin Kontakt auf, weil sie neugierig waren, wer wohl dieses Mädchen war, das sich so gut auskannte.

So hatte Greta dank der Zeitung die Gelegenheit, Leute kennenzulernen, die genauso besorgt waren wie sie. Sie hatten auch schon versucht, ihre Mitbürger auf das Thema aufmerksam zu machen, darüber zu sprechen und nach Lösungen zu suchen. Leider hatte keine ihrer Ideen wirklich alle überzeugen können, und so war letztlich gar nichts geschehen. Aber Greta war nicht bereit, so leicht aufzugeben.

Gretas Verstand hatte eine weitere, wirklich besondere Eigenschaft: Sie konnte sich auf etwas, das ihr zu denken gab, voll konzentrieren. Menschen mit Asperger-Syndrom sind oft besonders entschlossen und können mehr als andere an einem Thema dranbleiben, das ihnen wichtig ist. Über Jahre hinweg las Greta alles über den Klimawandel, was sie finden konnte, und setzte sich so intensiv damit auseinander, dass es für ein Mädchen ihres Alters ungewöhnlich war. Sie wusste darüber Bescheid wie eine Expertin: Beim Schulausflug ins Museum fiel ihr auf, dass auf einem Schaubild einige Werte für die Kohlendioxidkonzentration nicht stimmten. Sie regte sich über diese Ungenauigkeit so sehr auf, dass sie den Rundgang durchs Museum abbrach, sich von der Gruppe entfernte und sich allein an den Eingang setzte, um auf die anderen zu warten.

Je mehr sie las, desto mehr besorgniserregende Details entdeckte sie. Sie fragte sich, wie ihre Zukunft aussehen würde, wenn die Erderwärmung so weiterginge. Es waren dunkle und beängstigende Gedanken, die nur schwer zu ertragen waren und sie bedrückten. Leider war Greta nie sehr mitteilsam gewesen, und so behielt sie dieses Unbehagen für sich, bis sie so traurig und depressiv wurde, dass sie es morgens nicht mehr aus dem Haus und in die Schule schaffte.

Als sie elf war, wurde aus dieser Traurigkeit eine echte Krankheit. Es schien, als ob in ihr etwas zerbrochen war. Die Ärzte nannten es Depression.

Sie hörte auf zu sprechen, zu lesen und sogar zu essen. In zwei Monaten verlor sie rund zehn Kilo. Es schien ihr nicht wert weiterzuleben, weil die Welt zu ungerecht war. Sie konnte nicht erklären, was mit ihr geschah, sie blieb stumm und verzweifelt.

Gretas Eltern, Malena Ernman und Svante Thunberg, fragten sich, ob wohl etwas in der

Schule vorgefallen sei, aber die Lehrer verneinten das. Sie sagten, dass Greta zu still sei, dass sie sich von den anderen absonderte und wenig sprach.

Die Mutter hatte Schwierigkeiten, das zu verstehen: Das schien ihr doch kein schlimmes Problem zu sein. Sie war selbst ein stilles und introvertiertes Mädchen gewesen. Was sollte ungewöhnlich daran sein? Sie hatte, als sie aufwuchs, in der Musik Rückhalt gefunden. Das Singen hatte ihr geholfen, selbstsicherer zu werden und ihren Platz in der Welt zu finden.

Es war eine sehr anstrengende Zeit für Malena, die ihre Energie zwischen ihrer Arbeit und den Schwierigkeiten ihrer Tochter aufteilen musste.

Sie hatte die Hauptrolle in einem bekannten Stück und musste in Stockholm vor tausenden Zuschauern tanzen und singen. Es hätte eine glückliche Zeit für sie sein sollen. Aber es ist furchtbar, vor Publikum aufzutreten, während es deinen Töchtern zu Hause schlecht geht.

Denn während Greta mit der Depression kämpfte, zeigte auch ihre Schwester Beata ähnliche Anzeichen. Sie konnte Unruhe nicht ertragen, fühlte sich von Geräuschen schnell gestört und hatte Mühe, in die Schule zu gehen.

Die beiden Schwestern gingen zu vielen Ärzten, um herauszubekommen, was genau das Problem war. Es war nicht einfach, aber schließlich konnten die Ärzte benennen, was Greta und Beata so anders machte als andere Kinder – das Asperger-Syndrom.

Nun begannen die Eltern nach einer Lösung zu suchen, die es beiden Mädchen erlauben würde, allmählich wieder ein normales Leben zu führen.

Mit Asperger-Syndrom können Situationen, die für andere Leute völlig normal sind, schnell unerträglich werden. Der Alltag kann sehr schwierig sein. Daher konnten Greta und Beata nicht so ohne Weiteres in ihr früheres Leben zurückkehren.

Malena und Svante hatten viel Verständnis für die Schwierigkeiten ihrer Töchter. Die Lage war ernst. Sie hörten auf zu arbeiten, um sich ihren Töchtern zu widmen und ihnen zu helfen, diese schwierige Situation zu meistern.

Greta konnte in der Klasse dem Unterricht nicht folgen, und niemand konnte sie dazu zwingen: Ein Jahr lang ging sie nicht zur Schule. Sie saß zu Hause auf dem Sofa und schwieg. Doch für ihre Eltern war es zunächst wichtiger, dass sie wieder aß.

Außer Arztbesuchen gab es nicht viel, um sich die Zeit zu vertreiben. Die Tage vergingen langsam in Gretas Zuhause, einem großen Holzhaus auf dem Gipfel eines Hügels, und die Traurigkeit ging einfach nicht fort.

Das änderte sich erst, als es Greta gelang, sich nach und nach zu öffnen. Sie entdeckte, dass sie sich besser fühlte, wenn sie mit Mutter und Vater über ihre Ängste redete.

Ihre Eltern hatten schon immer aufmerksam verfolgt, was um sie herum vorging. Sie waren überzeugt, dass jeder Mensch das Recht auf ein friedliches Leben hatte. Greta wies sie darauf hin, dass sie zwar recht hatten, sich so sehr um den Menschen zu sorgen, dabei jedoch einen wesentlichen Punkt außer Acht ließen: die Umwelt, in der er lebte. Während sie sich Gedanken über Kriegsflüchtlinge machten, gingen sie weiterhin auf Reisen, aßen Fleisch, fuhren dicke Autos – und schadeten so dem Planeten.

Zuerst versuchten Malena und Svante, ihre Tochter zu beruhigen und behaupteten, es werde schon alles wieder ins Lot kommen. Aber Greta, der es zwar guttat, dass sie ihre Gedanken mitteilen konnte und dass man ihr zuhörte, wusste genau, dass Probleme sich nicht von selbst lösen, und schon gar nicht so schwerwiegende Probleme wie der Klimawandel.

Weil sie nicht zur Schule ging, hatte Greta mehr freie Zeit als zuvor. Sie beschloss, ihren Standpunkt eindringlicher zu vertreten. Mama und Papa hörten ihr zu und waren bereit, mit ihr über Umweltprobleme zu diskutieren, aber sie hatten sich nie wirklich klargemacht, wie dramatisch der Klimawandel tatsächlich war. Also zeigte Greta ihnen Fotos, Grafiken, Statistiken, Daten.

Sie setzte sie vor den Fernseher und ließ sie Filme und Dokumentationen ansehen. Sie gab ihnen Zeitungsartikel und Reportagen bekannter Journalisten zu lesen.

Und tatsächlich: Angesichts dieser Informationen begannen Malena und Svante, sich außer um ihre Tochter auch um den Planeten zu sorgen. Ihm schien es ja auch nicht allzu gut zu gehen.

War es möglich, dass Greta recht hatte und alle anderen einen schweren Fehler machten, weil sie sich nicht genug für die Umwelt interessierten?

Malena und Svante verstanden, dass sie mit ihrem nicht nachhaltigen Lebensstil ein Teil des Problems waren.

Es war ein Schock für sie.

Greta konnte nicht akzeptieren, dass ihre Familie auf so unverantwortliche Art lebte. Und so öffnete sie ihr die Augen für das gewaltige Problem der Umweltvernichtung.

Etwas hatte sich verändert: Sie hatten begonnen, richtig hinzuhören, was ihre Tochter zu sagen hatte. Sie redeten nicht mehr mit ihr, nur um sie zu trösten, sondern interessierten sich für die Dinge, die Greta am Herzen lagen, machten sich Sorgen und wurden selbst aufmerksamer.

Damit kam Bewegung in die Situation. Greta, die inzwischen fünfzehn geworden war, verstand, dass sie etwas bewirken konnte. So wie sie es geschafft hatte, ihre Eltern zu überzeugen, konnte sie vielleicht auch andere Leute zum Nachdenken bringen. Es gab unheimlich viel zu tun, und langsam gelang es ihr, ihre Depression zu überwinden.

Malena Ernman und Svante Thunberg, sie eine berühmte Opernsängerin und er ein in Schweden bekannter Schauspieler und Autor, änderten ihre Wahrnehmung dank ihrer Tochter. Die Arbeit brachte sie oft auf Reisen um die ganze Welt. Besonders Malena ging auf Tournee und reiste zu ihren Konzerten.

Greta brachte sie nun dazu, darüber nachzudenken, welche Auswirkungen jedes Flugzeug auf die Umwelt hatte, in das sie stieg, um in eine Stadt zu fliegen, die weit entfernt, vielleicht sogar am anderen Ende der Welt lag. Die Motoren verbrennen große Mengen Treibstoff, um Hunderte von Passagieren und ihr Gepäck in die Luft zu heben, und stoßen dabei Kohlendioxid aus, das sich in der Atmosphäre sammelt und die Temperaturen ansteigen lässt.

Eines Tages reiste Malena für ein wichtiges Konzert nach Tokyo. Es wurde im Fernsehen übertragen und von sehr vielen Zuschauern angesehen. Die Reise war aufregend, denn sie konnte vor einem ganz neuen Publikum auftreten.

Als sie nach Hause kam, forderte Greta sie auf, sich klarzumachen, welche Folgen diese Reise für die Umwelt gehabt hatte. Es war sinnlos, sich über einen beruflichen Erfolg zu freuen und dabei zu ignorieren, welche negativen Konsequenzen daraus für den Planeten entstanden.

Der Lebensstil der Ernman-Thunbergs war unter vielen Gesichtspunkten kritikwürdig, nicht nur wegen der Flugreisen. Greta erklärte es ihren Eltern geduldig, Punkt für Punkt. Sie wusste Bescheid, sie hatte alles recherchiert. Sie zitierte Wissenschaftler und beantwortete die Fragen der Eltern.

Malena und Svante wussten nicht viel über dieses Thema, sie hatten nur eine ungefähre Vorstellung davon. Zuerst versuchten sie dagegenzuhalten, aber es gingen ihnen schnell die Argumente aus. Greta hatte mit allem recht. Sie ging selbst mit gutem Beispiel voran: Sie achtete sehr darauf, was sie sich anschaffte. War etwas nicht absolut nötig, verzichtete sie darauf. Sie entschied, nicht mehr das Flugzeug zu nehmen, und wenn sie deshalb nicht mehr in ferne und exotische Länder reisen konnte, dann war es eben so. In Stockholm fuhr sie Fahrrad, auch wenn es kalt war – und in Schweden kann es richtig kalt werden. Kälte, Regen und Schnee sind nur dann ein Problem, wenn man sich nicht richtig anzieht. Und für längere Fahrten gab es die Eisenbahn.

Ihre Eltern akzeptierten dies nicht nur, sondern taten es ihr nach. Malena nahm für ihre häufigen beruflichen Reisen nicht mehr das Flugzeug.

Jahrelang war Malena von einem Ende der Welt ans andere gereist und hatte ihre Familie überall hin mitgenommen.

Als Greta noch ein Baby war, zog die Familie von einem Schauspielhaus zum anderen.

Sie konnten die kleine Greta unmöglich zu Hause lassen, also hatte Svante eine Zeitlang mit der Schauspielerei aufgehört, um seine Frau auf der Tournee zu begleiten und sich um die Töchter zu kümmern. Bald nach Greta war auch Beata zur Welt gekommen. Mit zwei kleinen Mädchen gab es keinen anderen Weg: Einer der beiden Eltern musste mit der Arbeit eine Pause machen. Svante fand die Vorstellung gar nicht schlecht, seine Zeit eine Weile lang nicht auf Filmsets zu verbringen und stattdessen seine Töchter großzuziehen. Außerdem reiste er gern.

Als Greta und Beata größer waren, ließ sich die Familie in Stockholm nieder, aber Malena gab weiterhin viele Konzerte woanders – auch in Ländern, die man nur mit dem Flugzeug erreichen konnte.

Greta überzeugte sie, auf ihre internationale Karriere zu verzichten. Lieber nahm sie nun in Kauf, ein bisschen weniger berühmt zu sein, dafür aber einen Beitrag zum Schutz der Umwelt zu leisten. Svante wurde Vegetarier wie seine Tochter. Aus Gretas Büchern wusste er, wie umweltschädlich die Intensivhaltung von Tieren war. Sie fingen an, in einem Schrebergarten am Rande der Stadt Gemüse anzubauen, sie ließen eine Fotovoltaikanlage installieren und kauften ein Elektroauto, das sie nur in dringenden Fällen benutzten. Für die Wege im Alltag nahmen sie das Fahrrad.

Nach und nach legte die Familie alle schlechten Angewohnheiten ab, die dem Planeten schadeten.

Greta hatte ihren ersten Kampf gewonnen!

Greta hatte sich immer sehr für den Klimawandel interessiert, aber der Sommer 2018 war entscheidend. Das Wetter war unglaublich warm, viel wärmer als normal.

Die Schweden waren im Unterhemd herumgelaufen und hatten sich etwas abgekühlt, indem sie ihre Füße in das kühle Wasser der Ostsee hielten.

Für viele Leute war nichts Besonderes dabei. Es war schließlich Sommer, nicht wahr?

Aber Schweden liegt in Skandinavien, einer Gegend, die man auf der Weltkarte ziemlich weit im Norden findet.

Der skandinavische Hochsommer ähnelt von den Temperaturen dem, was am Mittelmeer der Frühling zu bieten hat. Die Luft ist mild und die Sonne scheint zwar hell, doch sie brennt und sticht längst nicht so gnadenlos wie weiter im Süden.

Das Jahr 2018 aber brachte Rekordtemperaturen auch in den Norden. Es waren die wärmsten, die seit 262 Jahren verzeichnet worden waren.

Wenn Wärme auch angenehm sein kann, besonders wenn man nichts von der Erderwärmung weiß, so sind Waldbrände doch ein Problem für alle. Sie sind eine wahre Katastrophe. Und jener Sommer im Jahr 2018 war von genau solchen Bränden gekennzeichnet.

Sie hatten überall im Land gewütet, selbst im hohen Norden. In Lappland hatten mehr als sechzig Brände ganze Wälder vernichtet – das hatte es noch nie gegeben. Und zum Teil lag das sicher an den hohen Temperaturen und an der Trockenheit. Der Regen war fast zwei Monate lang ausgeblieben.

Die Feuerwehrleute waren ununterbrochen im Einsatz und forderten Hilfe und Verstärkung an, um die Lage in den Griff zu bekommen.

Sie waren nicht darauf vorbereitet. Freiwillige, Hubschrauber und sogar die Armee rückten an, doch das Feuer schien unaufhaltsam. Ganze Dörfer mussten evakuiert werden, weil es in der Nähe der Brände zu gefährlich wurde. Der schwarze Rauch stieg in den klaren Himmel.

Feuerwehrleute wie Gunnar Lundström, der Chef der Feuerwehr von Jokkmokk, aber auch Freiwillige, ganz normale Bürger, hatten fast zwei Tage ohne Pause durchgearbeitet.

Das Thermometer war auf 30 °C angestiegen, eine unglaubliche Temperatur im kalten Lappland, wo den größten Teil des Jahres über Schnee liegt.

Alle sprachen über diese Ereignisse, die Zeitungen brachten riesige, alarmierte Schlagzeilen, aber niemand unternahm wirklich etwas.

Niemand außer Greta.

Dabei befasst man sich in Schweden im Vergleich zu den meisten Ländern auf der Welt sehr ernsthaft mit Umweltschutz.

Die schwedischen Politiker sind sich bewusst, dass die Lage ernst ist, und haben versucht, etwas zu unternehmen. Unter den Politikern der westlichen Welt waren sie die ersten, die ein Gesetz zur Verringerung der Treibhausgasemissionen entwarfen und verabschiedeten. Ihr ehrgeiziges Ziel war, die Emissionen bis zum Jahr 2045 auf null herunterzufahren. Wenn alle so handeln würden wie die Schweden, täten wir unserem Planeten einen ziemlichen Gefallen.

Für Greta aber war das nicht genug. Man musste mehr tun, und viel schneller. Das war es, was die Wissenschaftler sagten, und Greta sah keinen Grund, ihnen nicht zu glauben.

Hinzu kam, dass in jener Zeit nur wenig über diese Thematik gesprochen wurde. Das war besorgniserregend, denn in den Monaten vor einer Wahl lassen die Politiker aller Parteien die Öffentlichkeit über die Zeitungen, das Fernsehen und das Internet wissen, welche Meinungen sie zu den Themen haben, die sie für besonders wichtig halten. Sie erklären, was sie tun wollen, wenn sie gewählt werden, und versuchen, die Wähler von ihren Standpunkten zu überzeugen. Wenn es ein bedeutendes Thema gibt, dann wird es auch im Wahlkampf besprochen.

Trotz der Feuer, die das Land im Sommer verwüstet hatten, hatten nur wenige den Klimawandel überhaupt erwähnt. Es schien, als seien die Politiker nicht wirklich an dieser Angelegenheit interessiert. Jemand musste den Mut aufbringen, ihre Aufmerksamkeit darauf zu lenken und sie zu erinnern, was wirklich wichtig war.

Deshalb waren die Wochen vor der Wahl so wichtig für Greta.

3

Gretas Protest machte alle, die Politiker und die Bürger, die bald wählen sollten, wieder auf die Umweltfrage aufmerksam – und auf das Versprechen, das die Mächtigen der Welt ein paar Jahre zuvor abgegeben hatten, aber viele von ihnen scheinbar vergessen hatten.

Es war in Frankreich gewesen, kaum drei Jahre vorher. Die Politiker von 195 Ländern – praktisch allen Ländern, die es gab! – hatten sich 2015 in Paris getroffen, um über den Klimawandel zu reden. Schon damals hatten nämlich die Wissenschaftler eine sehr beunruhigende Beobachtung gemacht: Die Temperatur auf dem Planeten stieg unaufhörlich an.

Diejenigen, die sich mit den Temperaturaufzeichnungen beschäftigten, hatten besorgt festgestellt, dass es schon im letzten Jahrhundert immer wärmer geworden war. Die Winter waren nicht mehr so hart wie früher, die Sommer wurden immer heißer. Die Wissenschaftler hatten sich den Kopf darüber zerbrochen und schließlich herausgefunden, woran es lag: Schuld waren die vom Menschen erzeugten Treibhausgase. Sie sammeln sich über unseren Köpfen im Himmel, lassen zwar die Sonnenstrahlen durch, halten dann aber die Wärme zurück und lassen sie nicht wieder entweichen. Unter den Treibhausgasen im Himmel stieg besonders das Kohlendioxid an, das der Mensch in großen Mengen produziert.

Daher waren die Vertreter der 195 Länder nach Paris gekommen, um sich darauf zu einigen, weniger Kohlendioxid in die Umwelt entweichen zu lassen, um so die Erderwärmung so stark wie möglich zu begrenzen.

Ein Temperaturanstieg von einem Grad scheint nicht viel zu sein, kaum zu spüren. Aber es kann einen enormen Schaden anrichten. Wenn es wärmer wird, schmilzt Eis. Nord- und Südpol schrumpfen, auf den Bergen gibt es immer weniger Schnee. Das ganze Wasser von dem geschmolzenen Eis landet im Meer, und der Meeresspiegel steigt.

Das Klima ändert sich: Es regnet, wenn es nicht regnen sollte, und an anderen Stellen regnet es zu wenig und die Flüsse trocknen aus.

Das Ergebnis ist katastrophal.

Greta wusste das, und deshalb beschloss sie zu handeln. Sie war überzeugt davon, dass ein von Jugendlichen selbst organisierter Schulstreik etwas bewirken konnte.

Die Idee kam aus Übersee: Eine Gruppe mutiger amerikanischer Schüler war aus Protest nicht mehr in die Schule gegangen.

Einige Monate bevor Greta mit ihrem Schild vor dem schwedischen Parlament demonstrierte, hatten diese Schüler mit ihrem Schulstreik allen gezeigt, wie wütend und besorgt sie über die Gesetze waren, die es in ihrem Land leicht machen, sich Waffen zuzulegen. Pistolen und Gewehre aller Art sind dort für jeden erhältlich und können so auch in den Händen von Leuten landen, die Böses damit vorhaben – mit tragischen Folgen.

Zuletzt war es an der Marjory Stoneman Douglas High School passiert, einer Schule in Parkland, Florida: Ein Junge war mit einer Waffe zur Schule gekommen und hatte um sich geschossen. Seitdem fühlten sich die amerikanischen Schüler in ihren Klassenräumen, in denen sie jeden Tag lernten, nicht mehr sicher und wollten das den Politikern zeigen, die das Land regieren.

Greta erfuhr davon und wurde neugierig. Sich zu weigern, in die Schule zu gehen, und stattdessen auf die Straße zu gehen und allen die eigene Meinung mitzuteilen, schien ihr eine schlaue Idee zu sein.

Schon bei den Erwachsenen, die sie kennen, ist es für Jugendliche nicht leicht, Gehör zu finden – wie schwierig ist es dann erst bei Politikern.

Doch wenn die Nachricht von den Demonstrationen gegen die Waffengesetze schon bis nach Schweden gedrungen war, dann hatten die amerikanischen Schüler offenbar einen Weg gefunden.

4

Gretas Eltern verstanden, warum ihre Tochter der Schule fernblieb, aber einverstanden waren sie nicht. Sie sagten ihr klipp und klar, dass sie als Eltern dafür verantwortlich waren, dass sie zur Schule ging. Ob es nicht einen anderen Weg gäbe, sich Gehör zu verschaffen? Greta verneinte.

Mit fünfzehn kann man ja nicht einmal wählen gehen – sie sah keine andere Möglichkeit, ihre Meinung geltend zu machen.

Malena und Svante teilten zwar die Ängste ihrer Tochter, doch in ihren Augen ging die Schule vor.

Andererseits wussten sie noch zu gut, wie es gewesen war, als Greta zu traurig war, das Haus zu verlassen und zur Schule zu gehen. Sie mussten eingestehen, dass es ihr guttat, ihre Ideen zu vertreten, indem sie vor dem Parlament demonstrierte. Sie schien etwas von der Lebenslust wiedergefunden zu haben, die ihr während der Depression abhandengekommen war.

Auch viele ihrer Lehrer fanden es falsch, nicht zum Unterricht zu gehen, und sagten ihr das auch. Doch Greta war überzeugt, recht zu haben, und gab nicht nach. Vielleicht würde sie Ärger bekommen wegen Schwänzens, aber sie war bereit, die Konsequenzen zu tragen. „Ich mache das, weil sich niemand anderes darum kümmert", erklärte sie.

Und die Ereignisse gaben ihr recht. Oder zumindest bewiesen sie, dass viele so dachten wie sie.

Am 7. September, dem Tag der Wahlen und des großen Klimastreiks, saßen viele mit ihr vor dem Parlament auf dem Boden.

Gretas Entschlossenheit hatte die allgemeine Gleichgültigkeit überwunden; es tat sich etwas. Nicht nur in Schweden richtete sich die Aufmerksamkeit auf den Zustand des Planeten – und auf das Mädchen mit den Zöpfen und dem Schild in der Hand.

Angesichts dieses Erfolgs war Greta nun auch soweit, sich neuen Herausforderungen und Situationen zu stellen, mit denen sie vorher nur schwer fertiggeworden wäre. Am Tag nach der Wahl war sie bereit, beim *People's Climate March* zu sprechen – einer großen Demonstration, die in mehreren Städten der Welt gleichzeitig stattfand. Tausende von Leuten demonstrierten, um Maßnahmen gegen die Klimakatastrophe zu fordern. In Stockholm zogen die Demonstranten durch die Stadt bis zum Platz Mynttorget, wo mehrere Aktivisten auf eine Bühne stiegen, um sich im Kampf gegen den Klimawandel zu engagieren. Auch Greta war von den Organisatoren gebeten worden, eine Ansprache zu halten. Es war genau die Art Situation, die sehr schwierig für sie werden konnte. Ihre Eltern waren besorgt. Wer ein Asperger-Syndrom hat, ist oft ängstlicher als andere Menschen. In solchen Momenten gerät er leicht in eine unkontrollierbare Panik und bringt dann kein Wort mehr heraus. Häufig passiert das, wenn man sich an eine fremde Person oder – noch schlimmer – an eine ganze Gruppe wenden muss. Es ist nicht einfach nur Schüchternheit, wie sie jeder haben kann. Sprechen wird dann tatsächlich zum Ding der Unmöglichkeit – niemand kann dich in einer solchen Situation dazu bringen, den Mund aufzumachen, und wenn er noch so nett ist. Ärzte haben einen hochtrabenden Namen dafür: Sie nennen es selektiven Mutismus.

Malena und Svante versuchten, ihre Tochter zu warnen. Traute sie sich das wirklich zu? Wollte sie sich in diese Lage bringen? Aber wie alle Jugendlichen, vielleicht sogar mehr als andere, konnte Greta, wenn sie einmal einen Entschluss gefasst hatte, äußerst starrsinnig sein. Bei Fragen, die ihr wichtig waren, machte sie keine Kompromisse. Sie würde zu den Demonstranten sprechen und damit basta.

Unter einem grauen Himmel hielt Greta mit dem Mikrofon in der einen und ihrem Notizzettel in der anderen Hand vor all diesen fremden Menschen ihre Ansprache.

Als sie geendet hatte, applaudierte das Publikum, ganz gerührt von den Worten des Mädchens mit den Zöpfen.

Noch am selben Tag verkündete Greta ihre Entscheidung: Sie würde den Schulstreik fortführen und jeden Freitag vor dem Parlament sitzen. Sie würde weitermachen, bis Schweden all die Ziele erreicht hatte, zu denen sich seine Politiker bei der Konferenz in Paris bekannt hatten. Sie hatten es schließlich versprochen.

Was jetzt zählte, war, die Erderwärmung zu verringern, sie unter 2 °C halten und versuchen, unter 1,5 °C zu kommen. Das Abkommen von Paris war von den Politikern unterzeichnet worden, und warum sollten sie nicht probieren, es sofort in die Tat umzusetzen, statt erst in ein paar Jahren?

Auf ihrem Instagram-Profil appellierte Greta an alle mitzumachen und jeden Freitag zu ihr vor den Riksdag zu kommen. Ihr Aufruf war unmissverständlich formuliert:

Wir haben viel weniger Zeit, als wir denken. Wenn wir scheitern, gibt es ein Unglück.

Nachdem sie ihren Entschluss zum weiteren Vorgehen gefasst hatte, ging Greta am folgenden Montag wieder zur Schule – zur großen Erleichterung ihrer Eltern und Lehrer.

Der Kampf aber ging weiter.

Die Menge, die am Wahltag am *skolstrejk för klimatet* teilgenommen hatte und das Interesse der Leute beim *People's Climate March* machten Greta Mut. Sie war jetzt sicher, dass es da draußen, in Stockholm und anderswo, viele Menschen gab, die ihren Kampf unterstützen wollten.

Man musste diese Menschen einbeziehen, sie überzeugen zu handeln!

Sie nahm ihre Botschaft in einem kurzen Video auf und veröffentlichte es auf Instagram. Darin erläuterte sie ihre Gründe auf Englisch, denn sie wollte sichergehen, dass alle sie verstehen konnten – auch außerhalb Schwedens.

Ihre Landsleute zeigten schnell ihr Interesse: schon am letzten Freitag im September gab es organisierte Demonstrationen in Malmö, Göteborg und zahlreichen anderen schwedischen Städten. Alle forderten schnelles und entschiedenes Handeln, forderten Maßnahmen, um die Erderwärmung aufzuhalten.

Auch die Journalisten halfen Greta. Sie interessierten sich immer stärker für die Fünfzehnjährige, die aus Protest nicht zur Schule ging. Viele Journalisten auf der ganzen Welt wollten sie interviewen und hatten eine Unmenge Fragen: Wie war sie auf die Idee mit dem Schulstreik gekommen, was hielten ihre Eltern und Lehrer davon, wie kommt eine Fünfzehnjährige dazu, sich so sehr für die Umwelt zu interessieren?

Greta beantwortete die Fragen, obwohl sie nicht gerne von sich selbst sprach. Der Zustand der Erde schien ihr ein viel interessanteres und wichtigeres Thema zu sein. Sie nahm auch eine Einladung ins Fernsehen an und trat in verschiedenen Städten in Schweden auf.

Es konnte anstrengend sein, mit so vielen Leuten zu tun zu haben, aber Greta kannte ihr Thema bis ins Detail und konnte das Problem des Klimawandels verständlich erklären.

Im Laufe der Jahre war sie eine echte Expertin geworden. Als eine Journalistin sie für die berühmte amerikanische Zeitung *New York Times* interviewte und dann in ihrem Artikel schrieb, die Treibhausgasemissionen seien zurückgegangen, antwortete Greta ihr ohne Zögern, dass das nicht stimmte. Es war für sie nicht von Bedeutung, dass der Artikel von der Korrespondentin einer angesehenen Zeitung geschrieben war: Man musste ehrlich sein und die Wahrheit sagen.

Wenn man ein kompliziertes Problem wie die Erderwärmung beschreibt, kann man die unterschiedlichsten Statistiken heranziehen. Politiker wählen dann gern solche, die die Dinge möglichst gut aussehen lassen und die bereits erzielten Fortschritte in den Vordergrund stellen. Dann braucht man nicht darüber nachdenken, wie ernst die Lage immer noch ist.

Aber die Menschen mussten die Wahrheit erfahren. So zu tun, als wäre nichts, war kindisch.

Doch ironischerweise musste erst eine Fünfzehnjährige kommen und die Politiker ihres Landes daran erinnern.

— 5 —

Gretas Einsatz trug Früchte, und zwar weit über die Grenzen Schwedens hinaus. Mit dem Zug fuhr Greta zum Europäischen Parlament nach Brüssel, um an einer Demonstration teilzunehmen und ihren Kampf gegen die Umweltprobleme fortzusetzen.

Dort hielt Greta eine Rede auf Französisch, erzählte von ihrem Schulstreik und dass die Leute in Schweden so lebten, als hätten sie die Bodenschätze von 4,2 Erdbällen zur Verfügung, was ganz offensichtlich nicht auf Dauer geht.

Dann reiste sie nach Helsinki, in Finnland, um vor einem Platz voller Menschen zu sprechen und zu mahnen, dass jeden Tag Millionen Barrel Rohöl verbraucht wurden, damit wir unseren Lebensstil aufrechterhalten konnten.

Dann fuhr sie nach London.

Um durch Europa zu fahren, brauchte sie die Unterstützung und die Erlaubnis von Mutter und Vater.

Gretas Eltern ermunterten sie, ihren Kampf fortzusetzen. Sie standen hinter ihr. Und sie waren auch bereit, nach ihren Regeln zu reisen. Wenn man nicht fliegen kann, ist das Reisen langsam und anstrengend. Man muss Züge nehmen, Anschlüsse erwischen, am Bahnhof warten.

Die Alternative waren lange Reisen mit dem Elektroauto der Familie, aber das musste oft zum Laden an die Steckdose.

Die Anstrengung machte Greta keine Angst. Im Gegenteil, wenn es um die Umwelt ging, hatte sie vor fast nichts Angst.

Im Allgemeinen hielt sich Greta immer an Regeln, aber sie war zu dem Schluss gekommen, dass man dieses Problem nicht ohne Rebellion lösen konnte. Die Gesetze zeigten keine Wirkung und der Planet war in Gefahr.

Das war genau die Denkweise der Demonstranten, die sich wie Greta Ende Oktober in London vor dem englischen Parlament versammelten.

„Wir haben hier eine ernste Notlage, aber niemand behandelt sie wie eine Krise. Und die Regierungen verhalten sich wie Kinder. Wir müssen aufwachen und Dinge ändern", sagte Greta, als sie zu der Menge sprach. Auf ihren Plakaten mahnten die Rebellen – so nannten sich viele von denen, die sich an diesem Tag auf dem Parliament Square in London versammelten –, dass sich die Menschheit in einer ihrer dunkelsten Stunden befand. Die Wissenschaft sagte eindeutig, dass wir eine Katastrophe zu erwarten hatten, falls nicht schnell gehandelt würde.

Auf der Reise durch Europa in den Wochen nach den schwedischen Wahlen entdeckte Greta, dass es auf der Welt noch andere Menschen gab, die sich ähnlich wie sie engagierten. Es war nicht die einzige Entdeckung, die sie machte: Sie fand heraus, dass es sie überhaupt nicht nervös machte, vor Publikum über die Themen zu sprechen, in denen sie sich gut auskannte.

Sie war zwar kein Mädchen, das gerne viel redete, aber ernste Dinge mit einem Mikrofon in der Hand auszusprechen, gelang ihr gut.

Wie sie da vor Hunderten und Tausenden von Unbekannten sprach, und das oft auf Englisch – das waren bewegende Momente für Malena und Svante. Wer hätte das auch erwartet: In wenigen Monaten hatte sich ihre Tochter vor ihren Augen von einem tieftraurigen Mädchen in eine anerkannte Kämpferin für den Umweltschutz verwandelt!

Gretas Mut und ihre Ideen verbreiteten sich rasch auf der ganzen Welt. Selbst im weit entfernten Australien, buchstäblich am anderen Ende der Erde, hatten zahlreiche Jugendliche beschlossen, aus Protest der Schule fernzubleiben.

Das war an sich schon verblüffend, aber was dann geschah, war wirklich unglaublich: Der australische Premierminister – ganz genau, der wichtigste Politiker des Landes! – forderte die Jugendlichen offiziell auf, wieder in die Schule zu gehen. Über Instagram antwortete Greta: „Es tut mir leid, Herr Premierminister Scott Morrison, wir können nicht gehorchen."

Wie Greta nach und nach Berühmtheit erlangte, war kaum zu glauben.

Nach einigen Wochen sprachen die bekanntesten und renommiertesten Zeitungen von ihr, und wenige Monate nach dem ersten Schulstreik wurde sie eingeladen, einen *TED Talk* zu halten.

TED steht für *Technology, Entertainment, Design* und ist eine Organisation, die Vorträge zu außerordentlich wichtigen Themen organisiert. Menschen, die Experten und Vordenker auf den unterschiedlichsten Gebieten sind, gehen dort auf die Bühne und sprechen über die Dinge, die sie bis zur Perfektion beherrschen.

Auf den TED-Bühnen sind die größten Berühmtheiten der letzten Jahrzehnte aufgetreten, und ihre Reden wurden im Internet von Millionen Zuschauern abgerufen. Es war also eine wichtige Einladung – und eine Ehre.

Greta sprach dort über Gerechtigkeit: Wäre es nicht richtig, wenn die Staaten mit den höchstentwickelten Wirtschaften ihren Umweltverbrauch einschränkten, damit sich die anderen weiter Straßen, Krankenhäuser und all das bauen konnten, was die Menschen dort zu einem besseren Leben brauchten?

Sie erinnerte auch daran, dass kein Politiker sich je verpflichtet hatte, Lösungen für die Zukunft auch umzusetzen: Die kühnsten unter ihnen malten sich Maßnahmen für das Jahr 2050 aus, was noch weit weg erschien, es aber gar nicht war.

Die Jugendlichen von heute würden im Jahr 2050 Erwachsene sein und noch etliche Jahre vor sich haben. Was würde aus ihnen werden, wenn wir den Klimawandel nicht aufhalten? Was hatten die heutigen Erwachsenen vor, für die Zukunft ihrer Kinder zu tun?

Üblicherweise lassen die Redner ihren *TED Talk* mit einer Botschaft der Hoffnung enden. Greta tat das nicht.

„Wir brauchen nicht Hoffnung, wir brauchen Handeln", sagte sie.

6

Die führenden Politiker der Welt benahmen sich wie Kinder. Sie wollten die Umweltprobleme nicht wahrhaben, weil sie ihnen zu kompliziert waren. Und so waren die Kinder und Jugendlichen, die von der Sorge um ihre eigene Zukunft angetrieben waren, gezwungen zu protestieren. Ausgerechnet sie mussten kommen und die Politiker zum Handeln drängen! Der Schulstreik, den Greta Thunberg im August 2018 ganz allein vor dem Parlament begonnen hatte, war der erste Schritt gewesen.

In wenigen Monaten war die Zahl der Städte, in denen die Leute und oft gerade die Schüler sich entschlossen zu protestieren, schon auf 270 gestiegen. Mehr als 20.000 Schüler in jedem Winkel der Welt hatten den Schulbesuch verweigert und waren dem Vorbild des *skolstrejk för klimatet* gefolgt.

Greta war bereit für ein neues Ziel. Sie wollte die Mächtigen der Welt überzeugen, ernsthaft zu handeln, statt nur zu reden.

Dafür fuhr sie im Dezember nach Kattowitz, einer Stadt in Polen, um an einem Treffen mit einem seltsamen Namen teilzunehmen: COP24. Sie war mit dem Elektroauto dahingefahren, was zwei Tage dauerte, aber es war die Mühe wert.

COP ist eine Konferenz, auf der die Vertreter fast aller Länder der Erde sich treffen, um über den Klimawandel zu reden. Sie wird von den Vereinten Nationen organisiert, einer Weltorganisation, die den Staaten eine Plattform bietet, sich über die wichtigsten Themen zu verständigen.

In Kattowitz sollte die COP nun zum 24. Mal stattfinden und in ihren dicken schwarzen Autos würden all die Leute angefahren kommen, die dafür zuständig waren, die Klimakatastrophe aufzuhalten. Würde es ihnen gelingen, die richtigen Entscheidungen zu treffen und zügig in die Tat umzusetzen?

Daran hatten viele Menschen ihre Zweifel.

Greta packte also ihren Koffer und machte sich auf die Reise. Sie sollte den Generalsekretär der Vereinten Nationen treffen, António Guterres – einen Mann, der bedeutende Arbeit leistet: Er setzt sich dafür ein, Kriege zu vermeiden, und kümmert sich um große Unglücke überall auf der Welt.

Greta fand sich in einem großen Saal mit weißen Wänden wieder, in dem ein großer viereckiger Tisch stand, der ebenfalls weiß war. Alles sah sehr offiziell und unpersönlich aus. An dem Tisch saßen die Vertreter der verschiedenen Länder, jeder mit einem Mikrofon und einem Namensschild vor sich auf dem Tisch.

Vor all diesen Teilnehmern der Versammlung trat Greta auf eine Bühne. Sie hatte dieselbe karierte Bluse an wie am ersten Tag ihres *skolstrejk för klimatet*. Wenn es so viele wichtige Probleme zu besprechen gab, kam es nicht darauf an, was man anhatte. Hinter ihr hing ein Riesenplakat an der Wand, auf dem stand, wo sie sich befand, daneben die unverwechselbare himmelblaue Fahne der Vereinten Nationen. Eine ernste Stimme kündigte ihre Rede an.

Greta ließ sich von den ganzen Delegierten der Länder nicht einschüchtern.

„25 Jahre lang sind unzählige Menschen zu den Klimakonferenzen der Vereinten Nationen gekommen, um unsere Regierungen zu bitten, die Emissionen zu stoppen. Aber offensichtlich hat das nichts genützt. Deshalb werde ich euch nicht anbetteln, euch um unsere Zukunft zu kümmern – wir sind in der Vergangenheit ignoriert worden und man wird uns auch in Zukunft ignorieren. Ich bin hier, um euch zu sagen, dass der Klimawandel kommt, ob es euch nun gefällt oder nicht", sagte sie.

Auf dieser Bühne schilderte Greta, wie wichtig es war, sich der Realität zu stellen, so beunruhigend sie auch war. Sie forderte alle auf, sich auszumalen, was man gemeinsam erreichen konnte, wenn man sich nur Mühe gab. Wenn junge Leute es schon schafften, mit einem Schulstreik auf die Titelseiten der Zeitungen zu kommen, dann war alles zu schaffen.

Vor ihr saßen mächtige Leute, die es gewohnt waren, anderen Anweisungen zu geben. Aber sie fand den Mut, diesen Leuten zu sagen, dass sie sich wie Kinder benähmen – und das nur aus Angst, sich durch Handeln womöglich unbeliebt zu machen.

Sie führte ihnen vor Augen, welche Schäden der Umwelt bereits zugefügt worden waren, und erklärte, dass die neuen Generationen die Verantwortung dafür übernehmen würden, das alles zu ändern, wenn sonst niemand dazu bereit war.

Sie drängte ihre Zuhörer, an die Zukunft ihrer eigenen Kinder zu denken, die in einer zunehmend zerstörten Welt leben mussten. Man kann eine Krise nicht lösen, wenn man sie nicht als Krise behandelt.

So etwas hatte es noch nicht gegeben: Noch nie hatte ein junges Mädchen den Großen der Welt ihre Fehler vorgehalten, sie angeklagt und ihnen gesagt, sie müssten sich ändern. Viele klatschten ihr Beifall, obwohl sie so streng mit ihnen war.

Die Treffen der Vereinten Nationen sind lang und ermüdend. Die Delegierten verbringen ganze Tage mit Diskussionen und Verhandlungen. Alles wird offiziell festgehalten, aber all dieser Aufwand führt oft nur zu sehr bescheidenen Veränderungen.

So geschah es auch in Polen, direkt vor Gretas Augen: Es schien ihr, als sei keine echte Entscheidung gefällt worden. In der zweiten Woche der Konferenz schaltete sie ihr Smartphone ein und zeichnete eine Botschaft auf.

WER IMMER DU BIST,
WO IMMER DU BIST,
WIR BRAUCHEN DICH!
MACH MIT BEIM
GENERALSTREIK FÜR DAS
KLIMA, IMMER FREITAGS.
BITTE STREIKE MIT UNS!
TEILE DIESES VIDEO,
DAMIT ALLE WELT DAVON ERFÄHRT.

Sie stand in einem Raum des Kongresszentrums, in dem die COP24 stattfand, und erklärte, dass die Politik wieder einmal keine Lösungen fand, obwohl die Wissenschaft immer mehr übereinkam, dass die Lage äußerst ernst war.

Inzwischen hatte sich draußen auf den Straßen von Kattowitz eine Menge von Demonstranten versammelt. Sie wollten sich Gehör verschaffen und den Politikern, die zur COP24 nach Polen gekommen waren, zeigen, dass sich viele Leute wirklich große Sorgen um das Klima machten.

Die Freimütigkeit und Ehrlichkeit, mit der Greta zu den Mächtigen gesprochen hatte, hatte Aufsehen erregt.

Ebenso unglaublich war, wie sie so viele Leute dazu gebracht hatte, etwas zu tun.

Die berühmte Zeitschrift *Time* aus den USA setzte Greta auf die Liste der einflussreichsten jungen Leute der Welt im Jahr 2018. Eine große Ehre, die sie ohne Frage verdient hatte.

Aber es war nicht Gretas Art, sich auf ihren Lorbeeren auszuruhen. Als die COP24 der Vereinten Nationen zu Ende war, fuhr sie sofort mit ihrem Vater im Elektroauto zurück nach Schweden. Sie hatte eine Verabredung, die sie nicht verpassen wollte: beim Klimastreik in Malmö.

Greta hatte nicht die Absicht, aufzuhören. Nicht bevor sie ihr Ziel erreicht hatte: den Planeten zu retten.

7

Viele Menschen auf der Welt haben den Schutz der Umwelt zu ihrem Beruf gemacht und widmen sich ihm mit ganzer Kraft. Greta konnte das nicht, denn mit fünfzehn hat man Verpflichtungen, die man nicht vernachlässigen kann.

Aber so wie die engagiertesten unter den Umweltaktivisten reiste Greta quer durch Europa, organisierte Streiks für das Klima, hatte Reden zu schreiben und Beiträge vorzubereiten. Um vor Tausenden von Leuten zu sprechen, vielleicht sogar in einer Fremdsprache, muss man gründlich recherchieren und alle wichtigen Daten und Informationen im Kopf haben.

Und nicht nur die Sache, um die es ihr ging, verlangte ihren Einsatz. Nun war sie auch noch selbst eine Berühmtheit geworden. Journalisten aus aller Welt wollten Interviews mit ihr machen und bekannte Reporter alles über sie und ihre Ideen in Erfahrung bringen. Zwar redete Greta nicht gerne über sich selbst, aber sie nahm die Anfragen trotzdem an, weil sie so den Klimawandel auf die Titelseiten der Zeitungen bringen konnte und ihren Zielen Aufmerksamkeit verschaffte. Darüber hinaus aber musste sie sich um dieselben Dinge kümmern wie alle Fünfzehnjährigen: Sie musste Hausaufgaben machen und den Schulstoff nachholen, damit sie nicht hinter ihren Klassenkameraden zurückblieb.

Greta ging wieder zur Schule und blieb nur am Freitag weg, um den *skolstrejk för klimatet* fortzusetzen. Sie fuhr weiterhin ins Stadtzentrum, um zu demonstrieren – bei jedem Wetter, auch bei Regen und Schnee und an den dunkelsten Tagen des schwedischen Winters.

Ihre Verpflichtungen hielten sie von morgens bis spät abends auf Trab. Sie hatte kaum mehr Zeit für ihre Schwester Beata, den Rest der Familie oder ihre beiden Hunde. Selbst zum Schlafen kam sie kaum noch: Um sechs stand sie auf und machte sich für einen neuen Tag fertig. Wenn sie müde war, dachte sie daran, was es war, das sie antrieb, was sie zu dem berühmten Mädchen mit den Zöpfen hatte werden lassen. So schöpfte sie neue Kraft und machte weiter.

Ihre Eltern waren beruhigt, weil sie gute Noten schrieb und weil sie sich entschieden hatte, wieder zur Schule zu gehen, und hatten beschlossen, Greta zu helfen.

Und Greta brauchte die Unterstützung ihrer Eltern auch: Ein Mädchen von fünfzehn Jahren kann nicht einfach allein überall in der Welt herumreisen. Ihr Vater begleitete sie, reiste mit ihr auf langen Zugreisen oder am Steuer des Elektroautos quer durch Europa. Svante mit seinem breiten Lächeln und den langen braunen Haaren, die er zu einem kleinen Zopf gebunden trug, war der perfekte Weggefährte. Er konnte gut mit Leuten reden und fühlte sich wohl neben Greta, auch auf den Bühnen der großen Konferenzen, die sie besuchten. Er war bereit, seine Tochter bei ihrem ehrgeizigen Vorhaben zu unterstützen: den Planeten beschützen. Manchmal wollten die Journalisten auch ihn interviewen und er wusste auf jede Frage eine Antwort.

Greta war auch auf die Hilfe ihres Vaters angewiesen, weil ihre Verpflichtungen immer zahlreicher und größer wurden. Sie war nach Panama, New York, San Francisco und Kanada eingeladen worden. Das ging nicht, denn dann hätte sie das Flugzeug nehmen müssen. Sie konnte aber Einladungen an näher gelegene Orte annehmen. Einige davon waren sehr, sehr wichtig. Für Ende Januar war sie eingeladen worden, in Davos zu sprechen.

Davos ist ein stilles Dorf in der Schweiz. Schmucke Häuser mit viel Holz drängen sich in ein enges Tal zwischen hohen Bergen mit dichten Wäldern und Skipisten. Seit den siebziger Jahren kommen dort jedes Jahr Ende Januar die wichtigsten Politiker, Wirtschaftsbosse, Intellektuellen, Journalisten und Wissenschaftler zusammen, um darüber zu reden, welche wichtigen Probleme die Welt wie angehen sollte.

Dieses *World Economic Forum* ist eine einzigartige Veranstaltung. Die mächtigsten Leute der Welt treffen sich in einem Dorf in den Alpen, das den Rest des Jahres nur ein ruhiger Skiort ist, um sich Vorträge anzuhören, an Diskussionen teilzunehmen und sich kennenzulernen und vielleicht gemeinsam auf Lösungen zu kommen. Nur die Teilnehmer wissen, was genau dort gesagt wird, denn viele Treffen finden hinter verschlossenen Türen statt. Das macht das Forum von Davos zu einer ziemlich exklusiven Veranstaltung.

Nur wer eingeladen ist, kann dort sprechen. Und eine Einladung bekommen nur wichtige Leute. Dazu gehörte nun auch Greta.

Mit einem Schal, einer Mütze, einer dicken Jacke, einem roten Koffer und ihrem unvermeidlichen Schild für den *skolstrejk för klimatet* machte Greta sich an einem kalten Januarmorgen auf die Reise. Vor Sonnenaufgang war sie schon am Bahnhof, um in Richtung Süden abzufahren: durch Schonen, eine Gegend in Südschweden, und dann durch Dänemark. In Deutschland stieg sie um in einen Nachtzug nach Zürich.

Als sie nach mehr als dreißig Stunden Zugfahrt am Bahnhof von Davos ankam, wurde Greta von einer Gruppe Journalisten mit Fernsehkameras und Mikrofonen empfangen. Dort auf dem Bahnsteig, mit ihrem Schild in der Hand, antwortete sie auf die Fragen und erklärte, sie wolle eines Tages auf ihr Leben zurückblicken und sich sagen können, dass sie das Richtige getan hatte.

Sie stieg nicht in einem der vielen Hotels ab, sondern im Arctic Basecamp, einem großen Zelt, wie es die Arktisforscher benutzen. Es war direkt neben dem berühmten Hotel Schatzalp aufgebaut. Diese ungewöhnliche Unterbringung hatte sich eine Non-Profit-Organisation ausgedacht, die sich mit den Folgen der Erderwärmung für das ewige Eis am Nord- und Südpol beschäftigte. Trotz der niedrigen Temperaturen im Winter der Schweizer Berge, die nachts auch schon einmal weit unter null sinken, schlief Greta bald in ihrem gelben Schlafsack ein.

Am nächsten Tag trat sie bei einer Diskussionsrunde auf, um darauf hinzuweisen, dass wir alle am Klimawandel mitschuldig sind.

Unter anderem hörten ihr die berühmten Sänger Will.i.am und Bono zu, aber auch Diplomaten und Wissenschaftler. Auch Jane Goodall war da, die mutige englische Naturforscherin, die jahrelang unter Schimpansen gelebt und bewiesen hatte, wie ähnlich sie dem Menschen waren. Mit ihr machte Greta ein Selfie als Andenken.

Greta war nicht bange vor den berühmten Leuten, die sie traf, und vor ihren berühmten Namen und wohlklingenden Titeln. Sie wiederholte ihre Botschaft wie immer. Ob sie nun zu einer Gruppe Schüler oder zu den Großen der Welt sprach, machte für sie keinen Unterschied.

Gekleidet wie ein beliebiges Mädchen ihres Alters trat sie auf die Bühne, zwischen all die Männer mit dunklen Anzügen und ernsten Mienen, und sprach.

„Die Erwachsenen sagen immer, dass sie den Jugendlichen Hoffnung geben müssen. Ich will keine Hoffnung, ich will, dass ihr in Panik geratet, dass ihr handelt. Ich will, dass ihr euch verhaltet, als wären wir mitten in einer Krise. Denn wir sind mitten in einer Krise."

„*Our house is on fire*", warnte sie: unser Haus, der Planet Erde, brennt. Und die Erwachsenen, die Mächtigen müssten verantwortlich handeln und etwas für die Zukunft der Jugendlichen tun.

Dann nahm sie am Klimastreik teil, der in den Straßen von Davos veranstaltet wurde, zusammen mit den anderen Jugendlichen, die genauso besorgt über die Lage waren wie sie.

Schon am nächsten Tag machte sie sich wieder auf den langen Weg zurück in Richtung Norden, einen Zug nach dem anderen.

Die harten Worte einer Fünfzehnjährigen an die Mächtigen der Erde erregten großes Aufsehen. Greta hatte etwas geschafft, was fast unmöglich schien: Sie hatte die Klimakrise wieder auf die Tagesordnung gesetzt. Sie hatte den französischen Präsidenten, die wichtigsten Vertreter der Europäischen Union und die Politiker in Davos daran erinnert, dass etwas getan werden musste.

Aber wenn Journalisten sie fragten, ob sie sich optimistischer fühlte, weil sich die Welt wieder für das Thema interessierte, antwortete sie mit nein. Das einzige, was wirklich zählte, waren die Emissionen von Treibhausgasen in die Atmosphäre, und die wurden immer noch nicht weniger.

Wenn berühmte Leute ihren Worten zuhörten und nickten, zählte das nicht, solange nicht konkrete Taten folgten.

8

In den nur sieben Monaten, nachdem Greta beschlossen hatte, nicht mehr zur Schule zu gehen und zu streiken, hatte sich viel geändert. Das Wichtigste war, dass die Welt endlich davon Notiz zu nehmen begann, wie dramatisch die Lage war.

Die Streiks und die Demonstrationen vor den Parlamenten und auf der Straße wurden in allen Ländern der Erde immer häufiger. Vor allem Kinder und Jugendliche gingen auf die Straße; sie waren entschlossen, die Großen dazu zu zwingen, sich ihrer Verantwortung zu stellen.

Jetzt gab es auch einen Namen für das Engagement der streikenden Schüler: *Fridays for Future*, Freitage für die Zukunft. Alle Jugendlichen, die protestierten, hatten ein Ziel: Den Politikern klarzumachen, dass sie handeln mussten, sofort.

Besonders ein Politiker konnte viel bewirken. Es war der Chef der Europäischen Kommission in Brüssel, der Hauptstadt von Belgien.

Dorthin fuhr Greta im Februar 2019.

Dass Brüssel Gretas nächstes Ziel war, hatte eine Reihe von Gründen; darunter Ereignisse, die sich lange Zeit vorher zugetragen hatten, als von Erderwärmung noch keine Rede war.

Es war im Jahr 1957, und alle, die damals in Europa lebten, konnten sich noch sehr gut an das Leid und die Grausamkeit erinnern, das der Zweite Weltkrieg über sie alle gebracht hatte.

Die Politiker von sechs Staaten – Frankreich, der Bundesrepublik Deutschland, Italien, Belgien, Niederlande und Luxemburg – beschlossen damals die Gründung einer Wirtschaftsgemeinschaft. Ein komplizierter Name für ihre Absicht, künftig zusammenzuarbeiten, damit sich die Länder gemeinsam und nicht auf Kosten der jeweils anderen wirtschaftlich weiterentwickeln konnten. Das Europa, wie wir es heute kennen, in dem wir uns frei bewegen und von einem Land ins andere reisen können, ohne an den Grenzen anhalten zu müssen, ist aus diesem ersten Abkommen hervorgegangen. Die Europäer entdeckten bald, dass sie mit vereinten Kräften alles viel besser machen konnten, und andere Länder folgten dem Beispiel der ersten sechs. Heute werden viele wichtige Entscheidungen nicht in den Parlamenten der einzelnen Staaten getroffen, sondern von den Vertretern, die diese Länder in die gemeinsamen Einrichtungen der Europäischen Union entsenden.

Etwas außerhalb des Stadtzentrums von Brüssel gibt es ein ganzes Stadtviertel nur für die Einrichtungen der Europäischen Union. Es sind große Gebäude mit Glasfassaden, die modern und etwas streng aussehen und vor denen viele Flaggen im Wind flattern. Dort fuhr Greta hin.

Mit harten, klaren Worten verdeutlichte sie, dass man nicht einfach abwarten konnte, bis die Probleme sich von selbst lösten. Wenn die Männer und Frauen an der Macht ihre Hausaufgaben gemacht hätten, wüssten sie, wie schlimm die Lage war und wie dringend sie etwas tun mussten.

In dem großen Saal, in dem sie versammelt waren, hörten die Politiker Europas schweigend zu, während die Journalisten aus der ganzen Welt ihre Kameras auf Greta richteten.

„Wir bringen das Durcheinander in Ordnung, das ihr angerichtet habt, und wir hören nicht damit auf, bevor wir fertig sind", erklärte sie mit entschlossener Stimme.

Denn es musste jetzt getan werden, man konnte nicht warten, bis die jungen Leute von heute groß und selbst zu Politikern geworden waren.

Einige wichtige Politiker wie die damalige Premierministerin von Großbritannien, Theresa May, hatten zuvor die Schüler kritisiert, die demonstrierten, statt in die Schule zu gehen. Greta nutzte ihre Rede in Brüssel auch dafür, darauf zu antworten.

„Wer uns vorwirft, wir verschwendeten wertvolle Zeit, indem wir nicht in die Schule gehen, den will ich daran erinnern, dass die Politiker ganze Jahrzehnte verschwendet haben, indem sie das Problem leugneten und nichts unternahmen, um es zu lösen."

Den Leuten, die sich wegen des Unterrichtsausfalls sorgten, schlug sie vor, doch ihrerseits anstelle der Schüler in Streik zu gehen. Oder noch besser: mit den Schülern gemeinsam zu streiken, um schneller die gewünschten Ergebnisse zu erreichen, damit alle wieder an ihre Arbeit gehen konnten.

Am 15. März 2019 war es nicht mehr nur Greta, die ihre Stimme erhob. Tausende von Leuten überall auf der Welt demonstrierten während des ersten weltweiten Mega-Klimastreiks. Im August des Vorjahres hatte Greta ganz allein vor dem Riksdag gesessen – jetzt beteiligten sich mehr als 2000 Städte in 123 Ländern. Allein in Deutschland sollen 300.000 Schüler an diesem Tag für das Klima gestreikt haben.

An jenem gar nicht mal so fernen Tag am Ende des letzten Sommers wäre es unmöglich gewesen, sich vorzustellen, dass wenige Monate später in Stockholm Tausende von Leuten dem Aufruf des Mädchens mit den Zöpfen und dem großen Mut folgen würden.

Manche Leute kamen von weit her, sogar aus den USA, um mitzumachen. Viele wollten mit

Greta ein Foto machen. Sie wollten ihr die Hand schütteln und ihr danken.

Als sie auf die Bühne ging, applaudierten alle Anwesenden begeistert.

Manche verglichen sie mit Rosa Parks, der schwarzen Amerikanerin, die sich 1955 in Montgomery, Alabama geweigert hatte, im Bus aufzustehen und ihren Sitzplatz einem Mann zu überlassen, nur weil er ein Weißer war.

Mit dieser einfachen Geste hatte sie eine Bewegung ausgelöst, die über viele Proteste und Demonstrationen schließlich dazu führte, dass der Oberste Gerichtshof der USA entschied, dass es falsch war, einen Menschen aufgrund seiner Hautfarbe zu benachteiligen.

Indem sie ihren Sitzplatz verteidigte, sagte Rosa Parks nichts, was die anderen Schwarzen in Alabama nicht längst gewusst hätten. Aber es gelang ihr, sie zu inspirieren, sie zum Handeln zu bewegen, damit sich die Dinge endlich änderten.

Gerade Rosa Parks war eine der Frauen, die Greta von jeher fasziniert und inspiriert hatten.

Am 15. März 2019 demonstrierten sehr viele Kinder und Jugendliche.

Sie waren die wahre Seele der Demonstrationen und machten sich Sorgen wegen der Probleme, die die Generationen vor ihnen verursacht hatten.

Die Reporter, die sie interviewten, stellten komplizierte Fragen und verlangten konkrete Lösungen. Manche redeten sogar von einer „Jugendrevolte".

Von der Bühne herab sagte ein Mädchen, dass die Schüler auf die Straße gingen, um Lösungen zu verlangen, aber dass niemand von ihnen ein Geheimrezept hatte, um die Erderwärmung zu stoppen. Man musste zuhören, was die Wissenschaftler zu sagen hatten, man musste lernen, recherchieren. Es gibt keine einfachen Antworten auf die Frage, wie man einen weiteren Temperaturanstieg verhindern kann.

Greta und alle, die mit ihr demonstrieren, werden nicht aufhören, bis die Großen, also die Politiker und die Leute mit Macht, endlich handeln.

Was zu tun ist – das ist deren Verantwortung, und das müssen sie entscheiden.

9

Auch Greta hat keine einfachen Lösungen für das Problem. Sie hat es sich zur Aufgabe gemacht, die Aufmerksamkeit der Politiker auf den Klimawandel zu lenken, von dem die Wissenschaftler sprechen. Sie wiederholt es oft: Es sind nicht die Jugendlichen, die entscheiden können, was zu tun ist.

Nichts zu tun ist sehr gefährlich: Der Klimawandel macht das Leben auf der Erde immer schwieriger und gefährlicher. Die Umweltkatastrophen können Kriege und Konflikte auslösen. Der

Einsatz der Jugendlichen bei den *Fridays for Future* ist deshalb auch ein Einsatz für den Frieden.

Dank ihres Erfolgs ist Greta für den Friedensnobelpreis vorgeschlagen worden. Sie wäre nicht das erste junge Mädchen, das ihn gewinnt. 2014 erhielt ihn die siebzehnjährige Malala Yousafzai für den Mut, mit dem sie für die Rechte der Kinder und Jugendlichen in ihrem Heimatland Pakistan eingetreten ist. Dort hatten die gnadenlosen Taliban Mädchen vom Schulbesuch abhalten wollen.

„Es ist eine starke Inspiration zu sehen, wie junge Leute angeführt von jungen Frauen ihre Stimme erheben", findet Anne Hidalgo, die Bürgermeisterin von Paris.

Wenn jemand sie kritisiert, antwortet Greta, dass er sich informieren und den Wissenschaftlern zuhören soll, die den Klimawandel erforschen, statt über sie, Greta, und vor allem über ausgefallene Unterrichtsstunden zu diskutieren. Denn darum geht es nicht.

Ihren Bekanntheitsgrad nutzt Greta auch dafür, das Asperger-Syndrom bekannter zu machen. Wer wie sie daran leidet, gewinnt nicht so schnell neue Freunde, er tut sich schwer, Leute kennenzulernen, kann nicht gut Smalltalk machen. Aber dafür hat er oft große Talente. Und das hat Greta bewiesen. Jetzt ist es an uns zu beweisen, dass wir ihr ebenbürtig sind.

ERDERWÄRMUNG – MAL GANZ EINFACH ERKLÄRT

Das Leben der modernen Menschen unterscheidet sich völlig von dem unserer Vorfahren. Noch die Großeltern unserer Großeltern lebten in einer Welt, die wir kaum wiedererkennen würden. Autos, Heizkessel, die die Häuser heizen, wenn der Winter kommt, Elektrogeräte, die uns Arbeit abnehmen, und Flugzeuge, mit denen man schnell in ferne Länder kommt, sind „Neuheiten", die es erst seit Kurzem gibt. Vor allem in den letzten 200 Jahren hat sich das Leben stark gewandelt: Neue Technologien kamen hinzu und haben das Dasein der Menschen beeinflusst.

Viele Gewohnheiten des modernen Lebens sind aber nur möglich, weil wir fossile Brennstoffe nutzen. Zum Beispiel das Benzin, das die Motoren verbrennen, damit wir mit dem Auto fahren können. Oder die Kohle, die in den Kraftwerken verbrannt wird, um den Strom zu erzeugen, der die Waschmaschine und andere Haushaltsgeräte antreibt, oder das Erdgas, das aus dem Boden geholt wird, damit wir heizen können. Für unseren heutigen Lebensstil wird jede Menge Brennstoff verbrannt – auch wenn wir es nicht sehen, weil es im Motor unter der Motorhaube passiert oder in Kraftwerken weit weg von dem Ort, in dem wir leben.

Brennstoffe verbrennen hat aber eine unangenehme Nebenwirkung: Es setzt die sogenannten Treibhausgase frei. Das „berühmteste" davon ist das Kohlendioxid.

Diese Gase gelangen in die Luft über unseren Köpfen, steigen in den Himmel und sammeln sich dort an. Sie lassen die Sonnenstrahlen durch, lassen dann aber deren Hitze nicht entweichen.

Die Erdatmosphäre hat einen ganz natürlichen „Treibhauseffekt", wie die Wissenschaftler sagen: Sie hält einen Teil der Sonnenwärme zurück, und das ist wichtig, weil Leben auf unserem Planeten dadurch überhaupt erst möglich ist. Das Problem entsteht, wenn sich die Gase anreichern und den Treibhauseffekt verändern.

Jahr für Jahr steigen die Temperaturen an. Es wird immer wärmer, auch wenn man es kaum bemerkt, denn es ist ein langsamer, allmählicher Anstieg. Die Wissenschaftler messen die Temperaturen rund um die Welt sehr genau. Sie sind es, die uns warnen: Die Auswirkungen der Erwärmung können sehr schlimm sein.

Einige Anzeichen des Unheils sind schon zu erkennen: Das ewige Eis taut auf, der Meeresspiegel steigt, das Wetter wird immer schwerer vorherzusagen. Es gibt Gebiete, da regnet es nicht mehr, und andere, in denen es immer öfter schwere Unwetter und Stürme gibt.

Der Vorgang ist sehr kompliziert. Es ist wirklich schwierig vorherzusehen, was genau passieren wird, auch wenn die Wissenschaftler die Situation ständig beobachten. Aber eins betonen sie immer wieder: Es ist sehr wichtig, die Erzeugung von Treibhausgasen zu verringern und die Erwärmung der Erde so stark wie möglich zu beschränken.

WAS KÖNNEN WIR TUN?

Der Klimawandel ist ein sehr komplexes Problem, das auch für Experten schwierig zu verstehen ist. Aber die meisten Wissenschaftler sind sich einig, dass das Stoppen der CO_2-Emissionen der richtige Weg ist, um die Erderwärmung zu verlangsamen. Um diese Emissionen zu vermeiden, sind radikale Veränderungen nötig, und deshalb demonstrierte Greta Thunberg vor dem Parlament ihres Landes. Aber jeder von uns kann bei sich selbst an den Gewohnheiten im Alltag ansetzen, die am gefährlichsten für das Wohlergehen der Erde sind.

1 Fahre so wenig wie möglich Auto. Am besten ist es, man geht zu Fuß oder nimmt öffentliche Verkehrsmittel. Ein Bus, der fünfzig Leute transportiert, verursacht im Verhältnis viel weniger Emissionen als fünfundzwanzig Autos, in denen immer nur zwei Personen sitzen.

2 Wenn du das Auto nehmen musst, fahrt zu mehreren, besonders wenn ihr sowieso dasselbe Fahrtziel habt!

3 Mach immer das Licht aus, wenn du ein Zimmer verlässt. Der Strom, den die Glühbirnen brauchen, wird höchstwahrscheinlich auch aus der Verbrennung von Gas oder Kohle erzeugt.

4 Wasser aufheizen verursacht Treibhausgase. Nimm warmes Wasser nur, wenn es wirklich nötig ist, und verschwende es nicht.

5 Duschen ist besser als Baden. Das ist eine einfache Methode, weniger Gas oder Strom für Warmwasser zu verbrauchen.

6 Die Herstellung von Verpackungen, Tragetaschen und Kartons verbraucht Energie und verursacht damit Treibhausgase. Wenn du etwas kaufen musst, nimm das, was weniger Verpackung hat!

7 Iss Gemüse und Obst, die zur Jahreszeit passen. Wenn du außerhalb der Saison Erdbeeren kaufst, kommen sie wahrscheinlich von weit her und sind bis zu dir transportiert worden.

8 Bevor du etwas Neues kaufst, denk nach, ob du es wirklich brauchst!

9 Heize im Winter nicht zu viel. Vielleicht kannst du die Heizung ein wenig herunterdrehen, wenn du dich im Haus wärmer anziehst.

10 Benutze im Sommer die Klimaanlage so wenig wie möglich, denn das Kühlen der Luft verbraucht eine Menge Energie.

11 Denk immer daran, dass der Strom, den du verbrauchst, oft aus fossilen Brennstoffen stammt und damit CO_2 in die Atmosphäre bringt. Verschwende möglichst nichts davon!

Glossar

Atmosphäre

Rund um unsere Erde befindet sich eine Hülle aus Gas. Sie umschließt den ganzen Planeten und ist etwa 1000 Kilometer stark. Ganz nah an der Erdoberfläche ist die Luft, die wir atmen, wo es regnet, schneit, sich die Wolken bilden und das ganze Wettergeschehen stattfindet, das wir kennen. Wenn die Atmosphäre anders wäre oder gar nicht existierte, könnte es kein Leben auf der Erde geben.

Brennstoffe

Alles, was verbrannt wird, um Wärme zu erzeugen. Dabei entsteht immer CO_2.

CO_2-Fußabdruck

Die Menge an CO_2-Emissionen, die man genau einem Verursacher oder seinen Aktivitäten zuordnen kann, zum Beispiel einer Person, einem Land, einer Fabrik, einem Flugzeug oder auch einem einzelnen Flug.

CO_2

Die chemische Bezeichnung für Kohlendioxid, ein Gas, das in der Atmosphäre vorkommt.

COP24

COP24 war eine Klimakonferenz der Vereinten Nationen im Jahr 2018. Die Vertreter fast aller Länder der Erde berieten zwei Wochen lang darüber, wie die einige Jahre zuvor in Paris gefassten Beschlüsse zur Verringerung des Kohlendioxidausstoßes umgesetzt werden sollten.

Elektrischer Strom

Die wichtigste Energieform in fast allen Häusern: Er lässt Lampen leuchten und treibt die Haushaltsgeräte an. Er wird auch in Fabriken für die Herstellung von Gebrauchsgegenständen verwendet. Leider wird elektrischer Strom oft aus Brennstoffen erzeugt und verursacht so Treibhausgasemissionen in die Atmosphäre.

Emission

Der Ausstoß von Teilchen, Stoffen, Wellen oder Strahlung in die Umwelt. Beim Klimawandel geht es um die Abgabe von Gasen in die Erdatmosphäre, was den Treibhauseffekt verstärkt.

Entwaldung

Die Rodung großer Waldflächen durch den Menschen. Lebende, gesunde Bäume holen durch Photosynthese große Mengen Kohlendioxid aus der Luft und helfen so, die Erderwärmung abzumildern. Das Abholzen großer Wälder hat daher schlimme Folgen für das Klima.

Erderwärmung

Der allmähliche Anstieg der auf unserem Planeten gemessenen Temperaturen in den letzten hundert Jahren. Man spricht auch von globaler Erwärmung, weil dieser Prozess auf der ganzen Welt zu beobachten ist, wenn auch nicht überall gleich stark. Man hat berechnet, dass die Durchschnittstemperatur in hundert Jahren um etwa 0,75 °C angestiegen ist.

Ewiges Eis

Die Eismassen, die selbst im Frühling und Sommer nicht schmelzen. Der größte Teil davon befindet sich in Grönland und in der Antarktis.

Fossile Energieträger

Brennstoffe, die sich in Millionen von Jahren gebildet haben, indem organische Substanzen – Pflanzen und Tiere, die in prähistorischer Zeit lebten – verschüttet wurden und sich über lange Zeit unterirdisch zersetzten. Dabei entstanden Erdöl, Erdgas und Kohle.

Fridays for Future

So heißen die Freitage, an denen Schüler auf der ganzen Welt demonstrieren, statt in die Schule zu gehen. Sie fordern, dass die Erde geschützt wird, damit sie eine würdige Zukunft haben können.

Meeresspiegel(s), Anstieg des

Wenn das ewige Eis auftaut, steigt der Meeresspiegel an. Das hat schlimme Folgen. Die Wissenschaftler gehen davon aus, dass viele heute bewohnte Gegenden eines Tages vom Meer überschwemmt sein werden.

Nobelpreis

Ein sehr angesehener Preis, der jedes Jahr für besondere Verdienste an Personen oder Gruppen vergeben wird. Greta ist für den Friedensnobelpreis vorgeschlagen worden, womit anerkannt wird, dass der Klimawandel zu tragischen Konsequenzen für die ganze Menschheit führen kann, wenn wir ihn nicht aufhalten.

Parlament

Der Ort, an dem die von den Bürgern gewählten Abgeordneten zusammenkommen, um die Gesetze eines Landes zu beschließen. Die wichtigsten Entscheidungen für das Wohl der Allgemeinheit werden hier getroffen.

People's March for Climate

Deutsch: Volksmarsch für das Klima, große Demonstrationen, auf denen regelmäßig große Mengen von Leuten protestieren und Maßnahmen zum Schutz der Umwelt fordern, wie am 8. September 2018.

Riksdag

Der schwedische Name für das Parlament von Schweden. Es sitzt in Stockholm, und hier hat Greta mit ihren Demonstrationen angefangen, damit etwas gegen den Klimawandel getan wird.

Streik für das Klima

Die Initiative von Greta Thunberg, um gegen die Gleichgültigkeit zu protestieren, die scheinbar gegen die Klimaveränderung herrscht. Sie begann allein an einem Augusttag, indem sie sich vor das schwedische Parlament setzte statt zur Schule zu gehen, und fand bald viele, die sich ihr anschlossen. Noch heute bestreikt Greta jeden Freitag die Schule.

TED

Technology, Entertainment, Design – eine Konferenz, auf der Politiker, Wissenschaftler und andere Personen Vorträge halten, die auf den unterschiedlichsten Gebieten hervorragende

Leistungen erbringen. Diese *TED Talks*, die man sich online ansehen kann, stehen unter dem Motto „Ideen, die es verdienen, verbreitet zu werden".

Treibhauseffekt

Eine Wirkung unserer Atmosphäre, die einen Teil der Wärme des Sonnenlichts zurückhält und so für das Klima sorgt, das wir kennen. Erst am Anfang des 19. Jahrhunderts fing der Mensch an zu begreifen, was über unseren Köpfen eigentlich passiert, nämlich als die ersten Wissenschaftler darauf kamen, dass die Sonnenstrahlen im Himmel gefiltert werden.

Treibhausgase

Die Gase in der Atmosphäre, die Sonnenstrahlen durchlassen, aber einen Teil der Wärmestrahlung zurückhalten.

Umweltaktivisten

Personen, die sich für den Umweltschutz einsetzen, indem sie Demonstrationen veranstalten, protestieren oder sich bemühen, Informationen zu verbreiten.

Vereinte Nationen

Die Vereinten Nationen oder UNO sind eine Organisation, der 193 (also fast alle) Staaten der Erde angehören. Ihr Ziel ist es zum einen, den Frieden zu erhalten, indem Konflikte zwischen den Ländern gewaltfrei geklärt, freundschaftliche Beziehungen aufgebaut und bewahrt werden, und zum anderen, die Grundrechte und Freiheiten aller Menschen zu fördern.

Zeittafel

Die Geschichte der Umweltverschmutzung durch den Menschen und der Erderwärmung in wenigen historischen Daten:

1765 Der schottische Ingenieur James Watt verbessert die von Thomas Newcomen 1705 erfundene Dampfmaschine, indem er es schafft, mit der Erzeugung von Wasserdampf Wärme in Bewegung umzusetzen. Dies ist eine der Erfindungen, die die Industrielle Revolution ermöglichen, eine der radikalsten Veränderungen der menschlichen Lebensweise. Von da an konnten Maschinen uns Arbeit abnehmen und waren dabei schneller und effizienter; viele Dinge konnten mit weniger Mühe hergestellt werden. Das Problem war nur, dass die Dampfmaschinen Kohle verbrannten. So begann mit der Industriellen Revolution auch die Umweltverschmutzung.

1824 Der Physiker Jean-Baptiste-Joseph Fourier erkennt, dass über unseren Köpfen eine Gasschicht in der Lage ist, die Wärme der Sonne zurückzuhalten.

1880er Jahre Die allerersten Autos werden gebaut. Noch sind es nur wenige. Sie sind langsam und unzuverlässig, eher Kutschen mit Motor. Noch kann sich kaum jemand vorstellen, dass nur wenige Jahrzehnte später Milliarden von Autos die Umwelt verpesten werden.

1952 Im Dezember dieses Jahres erlebt London die katastrophalen Folgen unkontrollierter Luftverschmutzung. Die Luft wurde schwer, grau, roch schlecht und der Smog vergiftete die Stadt. Es war so schlimm, dass man nur wenige Meter weit sehen konnte. Autofahren war unmöglich, die öffentlichen Verkehrsmittel hielten an, die Schulen schlossen. Die Folgen für die Gesundheit waren schwerwiegend und zum ersten Mal dachten die Engländer über Luftverschmutzung nach.

1972 In Tasmanien (Australien) wird die erste politische Partei gegründet, die den Umweltschutz zu ihrem wichtigsten Ziel erklärt. Bald folgen weitere Staaten diesem Vorbild.

1979 Wissenschaftler haben mittlerweile entdeckt, dass das Klima sich ändert, und die Politiker organisieren eine erste weltweite Konferenz, um über das Thema zu diskutieren.

1980 In Deutschland wird die Partei „Die Grünen" gegründet.

1997 Die Vertreter zahlreicher Staaten treffen sich in Kyoto, Japan, um über Umweltprobleme zu sprechen. Zum Schluss unterzeichnen sie ein Abkommen, in dem sie sich verpflichten, den Ausstoß umweltschädlicher Substanzen in die Atmosphäre zu begrenzen. Vor und nach diesem Treffen von Kyoto finden noch viele andere statt und je mehr Zeit vergeht, desto dringender werden konkrete Maßnahmen.

2015 Nach jahrelangen Diskussionen über den Klimawandel treffen sich die Vertreter vieler Staaten in Paris, um zu entscheiden, wie die Klimakatastrophe abgewendet werden soll. Sie verpflichten sich, den Anstieg der Temperaturen deutlich unter 2 °C zu halten.

2018 Am 20. August fasst Greta Thunberg den Entschluss, nicht zur Schule zu gehen und stattdessen vor dem schwedischen Parlament zu demonstrieren.

Du interessierst dich für dieses Thema? Dann lies auch folgende Bücher von Greta und ihrer Familie:

1) Greta Thunberg: *Ich will, dass ihr in Panik geratet! Meine Reden zum Klimaschutz.* Verlag S. Fischer, Frankfurt am Main, 2019

2) Greta Thunberg, Svante Thunberg, Malena Ernman, Beata Ernman: *Szenen aus dem Herzen: Unser Leben für das Klima.* Verlag S. Fischer, Frankfurt a. Main, 2019

Kannst du Englisch? Dann wirf auch hier einen Blick hinein:

3) Jonathan Watts, *Greta Thunberg, schoolgirl climate change warrior: „Some people can let things go. I can't"*, „Theguardian.com",
11. März 2019.

https://www.theguardian.com/world/2019/mar/11/greta-thunberg-schoolgirl-climate-change-warrior-some-people-can-let-things-go-i-cant

4) Damian Carrington, *„Our leaders are like children," school strike founder tells climate summit*, „Theguardian.com",
4. Dezember 2018.

https://www.theguardian.com/environment/2018/dec/04/leaders-like-children-school-strike-founder-greta-thunberg-tells-un-climate-summit

5) Masha Gessen, *The fifteen-years old climate activist who is demanding a new kind of politics*, „Newyorker.com", 2. Oktober 2018.

https://www.newyorker.com/news/our-columnists/the-fifteen-year-old-climate-activist-who-is-demanding-a-new-kind-of-politics

6) David Crouch, *The Swedish 15-year-old who's cutting class to fight the climate crisis*, „Theguardian.com", 1. September 2018.

https://www.theguardian.com/science/2018/sep/01/swedish-15-year-old-cutting-class-to-fight-the-climate-crisis

7) Jonathan Watts, *A Teen Started a Global Climate Protest. What Are You Doing?*, „wired.com", 12. März 2019.

https://www.wired.com/story/a-teen-started-a-global-climate-protest-what-are-you-doing/

8) Bard Wilkinson, *Climate change: Australian school children stage strike in protest*, „edition.CNN.com", 30. November 2018.

https://edition.cnn.com/2018/11/30/australia/australia-school-climate-strike-scli-intl/index.html

9) *Climate crusading schoolgirl Greta Thunberg pleads next generation's case,* online erschienen in der Sektion *Europe* auf „The Straits Times", 5. Dezember 2018.

https://www.straitstimes.com/world/europe/climate-crusading-schoolgirl-greta-thunberg-pleads-next-generations-case

10) *Greta Thunberg nominated for Nobel peace prize,* „Theguardian.com", 14. März 2019.

https://www.theguardian.com/world/2019/mar/14/greta-thunberg-nominated-nobel-peace-prize

11) *Greta Thunberg: „Why I began the climate protests that are going global",* „newscientist.com", 13. März 2019.

https://www.newscientist.com/article/mg24132213-400-greta-thunberg-why-i-began-the-climate-protests-that-are-going-global/

12) *I'm striking from school to protest inaction on climate change – you should too | Greta Thunberg,* „Theguardian.com", 26. November 2018.

https://www.theguardian.com/commentisfree/2018/nov/26/im-striking-from-school-for-climate-change-too-save-the-world-australians-students-should-too

13) Andrea Germanos, *This Is Our Darkest Hour. With Declaration of Rebellion, New Group Vows Mass Civil Disobedience to Save Planet*, „commondreams.org", 31. Oktober 2018.

https://www.commondreams.org/news/2018/10/31/our-darkest-hour-declaration-rebellion-new-group-vows-mass-civil-disobedience-save

14) *You Are Stealing Our Future. Greta Thunberg, 15, Condemns the World's Inaction on Climate Change*, „democracynow.org", 13. Dezember 2018.

https://www.democracynow.org/2018/12/13/you_are_stealing_our_future_greta